دختری ایرانی

از نسلی سوخته

در جستجوی آزادی

An Iranian Girl

From the [1]Burnt Generation

In Search of Freedom

الهام زندوکیلی

Elham Zandvakili

---

[1] In Iran, the **Burnt Generation** (Persian: نسل سوخته, *Nasl-e Sukhteh*) is the generation born between roughly 1966 and 1988 that experienced the Iranian Revolution, the Iran–Iraq War, and political or social consequences of the Iran hostage crisis, the 1980 Iranian Embassy Siege, the Iranian Cultural Revolution, the 1988 executions of political prisoners, the 1989 fatwa against Salman Rushdie, and the Islamic revival, as children, teenagers and later as young adults (Alavi,2005) and the recent revolution of Women, Life, Freedom.

An Iranian Girl

From the Burnt Generation

In Search of Freedom

Copyright © 2023 Elham Zandvakili.

www.ez-model.com

First Edition

ISBN: 979-8-218-12744-2

Printed in the United States of America

First printing edition 2023

تقدیم به زنان ایران

Dedicatied to

The Women of Iran

مقدمه

در این جلد احساسات و دردهای زندگی در ایران را با شما به اشتراک می گذارم. این احساسات را زمانی که در تهران زندگی می کردم بر روی کاغذ آوردم . از احساسات عشق درد تنهایی و امید نوشتم. درباره ی احساساتی نوشتم که آرزو داشتم تجربه کنم و جرات تجربه کردنش را نداشتم. در تاریکی های سرزمینم آن آرزوها بسیار دور از دسترس بودند اما همیشه در قلبم پنجره ای از امید و آزادی باز بوده و هست. سهیم شدن این احساسات با شما مرا به سمت آن پنجره می برد.

PREFACE

In this volume, I am sharing the pains and feelings of living in Iran. I brought these feelings to paper while living in Tehran. I wrote of the feelings of love, pain, lonliness and hope. I wrote about the feelings that I longed to expericne but did not dare. These desires were so distant in the darkness of my land, but always a window of hope and freedom was and is in my heart. Sharing my feelings with you opens the window.

<u>Contents</u>

(Mother) مادر

مادرم گفت

پرسیدم از مادرم نسل نسل قدیم این دیار
توصیف کن تو برایم آن زمان ز شادی های ماندگار

گفت بگویم برایت در یک کلام آن زمان آزادی بود
نسل ما از غصه ها به دور ، نسل، نسل شادی بود

گفت رنگ ماتم رنگ لباس این شهر نبود
قاصدک محصور در دنیایی پر زهر نبود

گفت از صدای پای کوبی شهر به وقت عید و غیر عید
هر لحظه و هر دم خوشی درود می داد با رویی جدید

پرسیدم مادرم چه شد که موج حسرت آغاز شد
در دروازه های غم به روی نسل ها باز شد

مادرم آهی کشید و گفت من بی تقصیرم
از مردم نسلم همیشه آزرده و دلگیرم

می بینی که سالهاست در حصار غم اسیرم
چون پرنده ای پر بغض همیشه گوشه گیرم

آن پرنده ای بودم که رنگ آزادی دیدم
در حال بال زدن به اوج بودم که
با تیر دشمن بر زمین خوردم و
ز پرواز دست کشیدم

نقش بست حلقه ی اشک در چشمانمان
نسل ما قربانی ریای آنان که گرفتند قطره قطره جانمان

جاری گشت اشک روی گونه های هر دومان
بهار زندگی پاییز غم انگیز شد برای نسلمان

My Mother Told Me

I asked my mother, the old generation of this land
"Tell me about the times of happiness"

She said: "Let me tell you in one word,
FREEDOM, our generation was not sad,
it was the generation of happiness,
the color of the city was not grief,
the dandelion was not fenced into a world of venom,
we could hear the rhythms of the city,
in times of celebration and not,
joy said hello each second with a new face."

I asked, "How did the wave of hate begin?
how did the gates of sadness open to generations?"

My mom sighed and said "I am innocent,
I feel anger and sadness at the people of my generation,
I have been a prisoner of sadness for years,
I am a bird with a lump in my throat,
I am separate and alone,
I am the bird who saw the color of freedom,
I was flying toward the sun,
suddenly I fell to the earth,
shot by the enemy, I stopped flying."

Rings of tears formed in our eyes
We were deceived and sacrificed
We were sacrificed by those who took our lives
Tears roll down the cheeks of generations
The spring of our lives turned into a sad fall

مادر

عشق مادر به فرزند تنها ناجیه زندگیه
تمام عشقای عالم کاذبه پوچ و تو خالیه

دست تو ای مادرم ، درمون هر دواییه
نفست حقه دعا کن دعایت راه رستگاریه

مگه قلبی مهربون تر از قلب تو هست؟
مگه بی تو زندگی می شه حتی یک نفس؟

تو مرحم تمام زخمای دنیای منی
تو روشنی راه و امید فردای منی

با تو بودن تو را ستودن مادرم زیباست
حتی ذکر نامت آبی بر آتش غمهاست

زندگی بر زمینم زده است بارها و بارها
تنها تو بودی تو گرفتی دستم سالها

چه روزها و شب ها که بیدار ماندی برای من
چه بی پروا جنگیدی با تب و غصه های من

مادرم باید وضو گرفت با اشک های پاک تو
باید سجده کرد بر دامنت بوسید خاک پای تو

Mother

Mother's love saves lives
All other loves are empty

Mother, your hands sooth my pain
Pray for me, your breath is right
Your prayers are my redemption

No heart is kinder
I cannot live without you
You cure all my ills
You light up my tomorrow

Being with you is beautiful
Praising you is beautiful
Saying your name is peaceful

Life has knocked me down again and again
You picked me up again and again

You stayed up days and nights
You recklessly fought my fever of sadness

Mother, baptize me with your tears
I bow down to kiss your feet

(In search of Identity) در جستجوی هویت

Tomb of Cyrus (circa 550 BCE)

دختری از ایران

من یه دختر جوونم و ایرانی
در حال گذر از خاکی و ویرانی

از کجا شروع کنم این قصه ی تلخ حسرتو
آخه این غم سکوته،
نمی زاره که بگم فریاد تو گلوم شکسته رو

آخه وقتی بشنوی این قصه رو
می گی سکوت کنو هیچی نگو، فقط برو

میگی ناله نکن ، شعر نخون ، جیک نزن
میشی انگشت نمای مرد و زن

میگی قصه تو یه سرابه
اون حباب روی آبه
زندگیت واست عذابه

می گی ای دختر شرقی
روبروت نیست جز سیاهی
آرزوهات جز تباهی

من میگم عشقه تو قلبم
ولی خستم دل شکستم

میگی ای وای عشق توهمه
اون فقط توی خیالاست
این همش تجسمه

می کشم آهی و میگم با خودم
اینم از اون آدماست
درد دلم با این طرف مثل همه باد هواست
انگاری فقط راه منه، که از اون جاده خوشبختی جداست
غصه هام بی انتهاست

اینجای قصه ست که اشک غم رو گونه هام میشه روونه
میشه شعر روی کاغذ و می رسه دست زمونه
آی زمونه، آی زمونه،
تو بگو راهم کدومه، تو بگو راهم کدومه؟

A Girl from Iran

I am a young Iranian girl
with feelings of ruin as my world

How shall I tell this bitter story?
A bitter silence does not let me express my broken cry

When you hear my story, you say to me:
"Be quiet, just leave, say nothing!
Don't moan, cry, don't write a poem, don't sing a song!
You will be disgraced, and lose face!"

You say: "Your story is a mirage,
a bubble on the water,
your life is torture!"

You say: "Iranian girl, there is only darkness for you,
desires are hopeless"

I say: "I have love in my heart, I am tired, and broken-hearted."
You say: "Love is an illusion; it is a hallucination."

I sigh and say:
"This is like the rest of them
My cries are useless to him
My way is separate from the path of happiness
My sadness is endless."

Now the sad tears roll down
My tears are poems reaching out to the world
I ask the world, where is my way, where is my way?!

آدما

این دنیا چه دنیاییه آدما
بی خبری حتی از یه لحظه بعد از فردا

این دنیا چه دنیاییه آدما
جاده زمانو می دویم بی پروا

توی این جاده پر از چاله و سنگ
گاه میوافتی تو چاله و
گاه می پری ز سنگ غصه بی درنگ

گاه می شنوی صدای پرواز پرنده
گاه مواجه میشی با گرگ درنده

گاه می زنی اون نقاب پر ز خنده
درحالی که قلبت کوه درده و در بنده

این دنیا چه دنیاییه آدما
بی خبری حتی از یه لحظه بعد از فردا

آدما چه راه بی رحمی و سنگدلی رو بلد شدن
از همه دنیای مهر و عاطفه چه ساده رد شدن

آدما چه با افتخار قصه خیانتو می خونن
چه با غرور تبر بی مهری و به قلب هم می کوبن

آدما چه ساده شهر عاطفه رو ویران کردن
چه بی خیال حال حضرت عشقو پریشان کردن

People

What world is this?
Unaware of one second or tomorrow

What world is this?
We run the road of time relentlessly
This road is full of holes and stones

Sometimes you fall into the holes
Sometimes you jump over the sad stones

Sometimes you hear the flying birds
Sometimes you face the wild wolf

Sometimes you wear the mask of laughter
When your heart is full of sadness and pain
What world is this?

People learn cruelty and stoneheartedness
They walk pass kindness and affection

They sing the song of betrayal
They break your heart with unkindness

They ruin the road to affection
People ignore the prophet of love

ایران

گرچه در خاک وطن ایرانم
ولی از هر غربتی غربت ترش می خوانم

میباره از در و دیوار این دیار مرگ و عزا
نمیدانم، خبطمان چه بوده که این شد جزای ما

شده غم و غصه عجین با خاک کوروش ما
او کجاست تا که ببیند غصه و ماتم شده نقل محفل ما

او کجاست تا که ببیند بر قلب ایرانمان هزارن ضربه زدند
سخن از حیل و کین و نفرت بی پرده زدند

کاشتند بذر حسرت در دل جوانان وطن
بی عاطفه و بی رحم نسبت به مرد و زن

اما تا خون امید جاریست در رگهای ایران
تا مادامی که می جوشد خون قهرمانان و دلیران
ایران و ایرانی تا ابد زنده بادا
نور آزادی بر قلب وطن تابنده بادا

Iran

I am the soil of Iran, my home
I am lost and exiled in my home

Death and grief walk the land
This is our punishment ; Why?!

Sorrows grow in the soil of Cyrus
Where is Cyrus?
Does he see the sadness and regret?

Where is Cyrus?
Does he see that heart of Iran has been stabbed thoudands of times?
They speak openly of hate and malice

They planted the seeds of regret and longing in the hearts of the youth
Coldblooded and cruel towards men and women

But there is hope in the veins of Iran
As long as the blood of sheros and heros boils
Long live Iran and Iranians forever
Let the light of freedom shine on the heart of the homeland

صبور باش

وقتی غم ها تو را با دست خود به اعماق تاریکی می کشند
تو مقاوم باش و با آنها به تاریکی ها نرو
وقتی درد ها صبر تو را به آتش می کشند
تو صبور باش و با صلاح صبر خود برو رو به جلو

وقتی درهای آزادی همه به روی تو بسته شدن
تو آزرده مباش از عالم ، جستجو گر راه باش
وقتی غصه ها برایت دبه می کنن
فریاد بزن ، دفاع ز حق خود کن و برنده ی راه باش

وقتی واژه ها نوای نیش و کنایه سر می دهند
تو عبور کن ز پل کینه و به دل نگیر
وقتی به ظاهر یاران خنجر خیانت به قلبت می زنند
تو با رنگ نیرنگ آن سنگدلان مشو اسیر

روشنی باش در این بی راهه و تاریکی
صبر پیشه کن در برزخ این گیتی
آزاده بیندیش گرچه آزاد نیستی
سرباز عشق باش
گرچه فکر کنن اسیری و نیستی

ای عابر پاکدل ز سد غصه ها عبور کن
ز سیاهدلان بگذر و با حس محبت احساس غرور کن

Be patient

When sadness drags you to darkness
Resist, don't go to darkness
When pains set your patience on fire
Move forward with your armor of patience

When freedom doors are closed to you
Don't be upset by the world, look for a way
When sorrows overwhelm you
Shout, defend your right, be the winner

When words ring with sarcasm
Pass the bridge of hatred,
don't take hatred to your heart
When frenemies stab you with betrayal
Don't be a prisoner of the stone-hearted

Be the light in the darkness
Be patient in a world of purgatory
Think freely when you are not free
Be a soldier of love
When they say you are a slave
and you don't exist

The good hearted pass the dam of sadness
Pass the dark-hearted people, and feel proud of kindness

زبان غمها (The languages of sadness)

An Iranian Girl, From the Burnt Generation, In search of Freedom

از چه گویم؟

از چه گویم، از صدای فریاد شکسته در گلویم
یا سراغ از دنیای ای کاشهایم جویم

نیست ، مرا دگر توان جستجو کردن نیست
صدای خشم و دلهره در زمان من جاریست

وای که چه سنگینی می کند بر قلب ، بار آرزوهایم
وای که چه در دنیای درد و حسرت خویش تنهایم

بار الاها مددی کن، نظری کن به این شکسته دل
تنها امید به تو بود، ولی انگار تو نیز گشته ای ز من غافل

تو بگو گناه من جز ناخواسته آمدن در این دنیا چه بود؟
مگر از روز ازل غیر از تو به فکر این بنده که بود؟

تو نگو، نگو ز من روگردانی
که دگر هیچ رمقی نمانده تنها تو می دانی

What should I say?

What should I say? The broken scream in my throat?
Should I seek the wishes in my world?

I can't seek anymore
The sound of anger and fear are all around

My wishes burden my heart
I am alone in my world of pain and regret

God, help me and my broken heart
My hope was on you
But have you forgotten me too?

Tell me, what was my sin?
Coming into this world unwillingly?

Since the day of the beginning,
who thinks of this servant girl other than you?

Don't turn away from me
No life is left, only you know!

خنده ی باطل

صدای گریه آب
صدای قلب بی تاب

صدای تیر دشمن
صدای ناله زن

بوی نفرت بوی برملایی راز
نوای طبل دشمن بر دل شهر طنینن انداز

لمس شریر هتک حرمت در این روزگار
واژه مرگ حک شده بر تن زن در این دیار

مزه تلخ زهر هلاهل
خنده بر من و نسل ها گشت باطل

سپاه کینه و نفرت همه در راه
گشت مهر و محبت در این شهر گمراه

در حسرت برگشت شادی به این آبادی
چشمهامان در انتظار نور امید و آزادی

The Empty Laughter

The sound of crying water
The sound of a restless heart

The sound of enemies shooting
The sound of women moaning

The smell of hatred
The smell of secrets revealed

The beat of enemy drums,
in the heart of the city

The evil touch of desecration in this time
Death is carved on the bodies of women in this place

The taste of a bitter poison
Laughter is empty for my generation

The army of spite and hate are coming
Kindness has run from this city

This land longs for the return of happiness
Our eyes wait for the light of hope and freedom

تا کی؟

گفتم تا کی حصار و حصار
گفت صبر پیشه کن مباش بی قرار

گفتم تا کی سازش با کذب ها
گفت تو در عالم راستی شو رها

گفتم تا کی بسوزم با غم تلخ غربت
گفت تا زمانی که پر بکشد ز سرزمینت نفرت

گفتم کجاست رنگ کرامت
گفت نامردی شده قصه ی عادت

گفتم تا کی باید در این حبس بمانم
گفت برای پاسخ آزادیت بس بی زبانم

How Long?

I asked: "how long will I be in prison?"
"A prison in a prison?"
She replied: "be patient, don't be restless."

I asked: "how long should I live with lies?"
She replied: "until honesty makes you free."

I asked: "how long will I hurt missing home?"
She replied: "until hatred leaves the land."

I asked: "where is the color of dignity?"
She replied: "cowardice is now a story of habit."

I asked: "how long should I stay in prison?"
She replied: "I can't show you the way to freedom."

بغض

انگار نمی شنوه خدا دیگه صدام
قهره با من و دل شکسته ی تنهام

انگار تموم غصه های این دنیا فقط مال منه
زندگی برام دیگه زندون ماتم و غمه

انگار از اون پرنده ی عشق خبری نیست
از اون درخت مهربون سبز هیچ اثری نیست

انگار فقط باغ رویای منه که خشک شده
این پرنده از عمق غم گلوش پر از بغض شده

Lump in my throat

It seems God does not hear me anymore
He is cross with me and my broken heart

As if all the sadness is me
My life is a prison

There is no news from the love bird
There is nothing left from the kind green tree

The garden of my dream has gone dry
The bird has a lump in her throat
From the depths of sadness

(Love) عشق

An Iranian Girl, From the Burnt Generation, In search of Freedom

تویی

چه گشته ام باده گسار
از عشق بی ریای یار
دل باختم چه بی قرار
راهی شدم پروانه وار

سبب تویی
در راه بی حساب عشق
مانده در این قلب تویی
عشق تویی، صفا تویی
آن مهر بی ریا تویی

دعا منم، ثنا منم
نیاز هر نوا منم
ناز تویی، ساز تویی
صدای آواز تویی
آن پر پرواز تویی

It's you

I am drunk
from my darling's innocent love
I have fallen in love recklessly
I fly like a butterfly

You are the reason
In the countless path of love
You remain in my heart
You are love and purity
You are sincere kindness

I am the prayer,
I am the praise,
The need for each note is me

You are temptation
You are the melody
You are the harmony
You are the wings of my flight

باغ خیال

من در گذر از باغ خیال
گل عشقت را پروراندم
چه روزها و چه شب ها
چشم به راهت ماندم

من در کوچه نیاز
شنیدم نوای ساز
گشتم مثال نت
پرواز در هوای راز

این من بودم که بی سبب
ماندم در این عجب
راز پس پرده کجاست
تا آن کنم طلب

تو گل عشق در قلبم پروراندی
درخت باور در خیالم نشاندی

کردی مرا عجین با عشق خود چنین
آنجا شدم سوار بر اسب خوشبختی یار

با نوای عشق تو
دنیام شده بهار

Dream Garden

Walking pass the dream garden,
I planted the flower of your love

My eyes have been waiting,
days and nights expecting you

I hear the melody of guitars,
on the avenue of need

I am a note,
flying in the air of secrecy

It was me wondering with no reason
What is the secret behind the curtain

You grew the flower of love in my heart
You planted the tree of belief in my thought

You entangled me with your love
I jumped on my lover's horse of happiness

With the melody of your love
My world turned into spring

پاییز

پاییز آمد چه لاجرم
می کوباند بر دل غمم

خسته دل تنها منم
نیاز در شبها منم
آن درد بی صدا منم

بهار زندگی تویی
آن ماه تابنده تویی
عشق خداداده تویی

تنهام نزار در انتظار
خورشید خوشبختی بیار

Fall

Fall is here
Sorrow is in my heart

I am tired and lonely
I am the needs of nights
I am the voiceless pain

You are the spring of life
You are the shining moon
You are my God-given love

Don't leave me waiting
Bring the sun of prosperity

بی قرار

یک عمر آزگار
سوختم در هوای یار
دل گشت چه بی قرار
دل گشت چه بی قرار

سال ها حالا گذشت
آژنگ بر چهره ام نشست
قلبم در هم شکست
خبر نیامد ز یار
خبر نیاد ز یار

راهی رفتنم
بسی آسیمه سار

باور بکن خدا
با یکبار دیدنش
قلبم شود بهار
قلبم شود بهار

Restless

All my life
Waiting and waiting for love
My heart is restless

Years have passed
Wrinkles are on my face
My heart is shattered
No news from my lover

I am about to go
So agitated, fully distraught

Believe me lord
Seeing him/her once
My heart will turn into spring

اوج عشق

بودن با تو چه زیباست
نوای موج و دریاست
هوای اوج احساس
گم شدن در عطر گل یاس

سالها در هوایت گشتم
به عشق تو ز رنگ هوس گذشتم
پر از رنگ انتظار بود چشمم
با آمدنت گلستان گشت دشتم

بی تو تابلوی بمبست بود در جاده عشق
بی تو واژه اوج بی معنا بود حتی دربهشت

Peak of Love

Being with you is beautiful
It is the melody of the waves and sea
Being at feelings' peak
Being lost in the fragrance of jasmine

looking for you forever
Passing through the whims for your love

My eyes were filled with the color of expectations
When you came, my desert became a garden

Without you the road to love ends
Even in heaven, peaks are meaningless without you

هدف

هدف از عشق با تو بودن است
هدف نامت با عشق سرودن است

مقصودم طلوع یک بهار
مست ماندن در خیال یار

هدف غروب دلتنگی هاست
رها شدن ز جبر دلسنگی هاست

هدف هر لحظه دیدن روی ماه توست
سراییدن شعر با دلی پر شور برای توست

The Goal

The goal of love is being with you
I sing your name with love

My intention is the sunrise in spring
Drunk with the dream of my lover

The goal is the sunset of missing you
Becoming free of a stone-heart

The goal is waiting to see your beautiful face
Singing a song with a passionate heart

انتظار

قصه نبودنت واسم مرگ و عذابه
عشق تو توی وجودم ، آتشی پر التهابه

بیا برگرد و دستای سردم و بگیر
مثل اون قدیما باش و عشقتو ازم نگیر

ببین جاده عشق بدون تو بمبسته
دیگه هیچ راهی نمونده ، من شدم دلبسته

بی تو آن دریای بی ساحل و خستم
بی تلاطم ، بی صدا، چشم به راه تو نشستم

انتظار و انتظار، وای از این هوای یار
دیگه وقتشه بیا، عشقتو هدیه بیار عشقتو ، هدیه بیار

Waiting

You are not here
It is the end of my life
It is torture

Your love is a volcano in my heart
Come and take my cold hands

Be like the old times
Don't take your love from me

Love is a dead-end road without you
There is no way, I am so attached to you

When you are not with me
I am a tired sea without a beach

I am quiet, still, waiting for you
Waiting, waiting and waiting

It's time to bring your gift of love
To bring your gift of love

تو برگشتی

تو برگشتی و بهار زندگیم آغاز شد
گیتار زندگیم پر ز نت و آواز شد

نوای عشق تو در گوشم پیچید
دل به یادت هر گل عشق به نامت برچید

خورشید محبتت در آسمان من طلوع کرد
هر چی خار غصه تو دلم شکفته بود و زیر و رو کرد

با آمدنت خزان زندگیم بهار شد
عشق تو معجزه ی این دل بی قرار شد

بی شک تویی دلیل طپش این دل
آن شراب نابی که از آن بودم غافل

You are back

You are back and spring has come
My guitar is full of notes and melodies

The melody of love whispers in my ears
My heart remembers

I pick love flowers in your name
The sun of kindness rises in the sky
The sun turns sadness into happiness

Your coming turns fall into spring
Your love is a miracle to this restless heart

You are the beat of my heart, no doubt
You are the wine I have missed

عشق پیدا شده

آره امروز اون عشق گمشده پیدا شده
دل من پر شورو پر غوغا شده

با دیدن قلب پاک و بی ریای یار
دل عجب دیوانه وار شیدا شده

دیگه این دل منی که خسته بود
با مزه عاشقی آشنا شده
دیگه منکرش نمیشه هیچکسی
که دلیل زنده بودنم پیدا شده

حالا اون سکوت خسته
که می گفتم توی شعرام
توی قلبم رخنه بسته
شده فریاد عشق و از قفس رها شده

Love Found

Today, my lost love is found
My heart is in an uproar

I see the face of a moon in my life
Sadness is gone
My heart tastes love
I have a reason for living

My silence is a scream of freedom
Released from its cage

Have you heard the sound?
It is the scream of my heart
My heart roars love, love

عشق گم شده (Love Lost)

An Iranian Girl, From the Burnt Generation, In search of Freedom

با رفتنت

با رفتنت من ماندم با یک دنیا دلتنگی
چه در اوج بودم با تو چه رویای قشنگی

با رفتنت دل شکست
شادی چه رخت بربست
چه ساده بودم سرسخت
رفتن به سوی بمبست

با رفتنت رفت بهار
پاییز شد ماندگار

مهربانی چه رنگ باخت
دل کوهی از سنگ ساخت

با رفتنت نوری در دل نماند
پرنده دیگر آواز نخواند

ستاره چشمک نزد
دل از عشق پرپر نزد

بر دل سیاهی چیره گشت
قلبم پر ز غمو کینه گشت

When you left

When you left, I was in a world of longing
I was at the top with you, what a beautiful dream

When you left, I was heartbroken
Joy was gone, I was lost

When you left, love was gone
My world came to an end

Kindness lost its color
My heart was a stone

No light was in my heart
The birds didn't sing

The stars didn't shine
My heart was not restless for love

Darkness came into my heart
My heart filled with hatred

یادته

یادته آسمون و ریسمون به هم بافتی
تا قصر عشق خود در دلم ساختی

یادته چه بی قرار دورو برم چرخیدی
قصه از قدرت عشق گفتی و به قصه جدایی خندیدی

حالا چه شد آن عشق واقعی ای یار
تو که گفتی صادقی و از کذب هستی بیزار

حالا چه شد آن قصه لیلی و مجنونت
چه ساده بی خبر بودم از آن همه نیرنگ درونت

من از عشقمان گذشتم تو نیز از آن بگذر
لیک دگر قصه یکی شدن نیست در سر

دیگر نوای عشق تو در گوش ندارم
قلبی پر طپش روحی پر خروش ندارم

بهار رویای تو گشته برایم پاییز
چو باغی کز درختان خشک گشته لبریز

دیگر میل خوردن شراب با تو ندارم
واژه های عاشقانه گفتن با تو ندارم

شهبانو شدن در قصر تو دگر خیالم نیست
پر زدن، رفتن بی تو، دگر فکر محالم نیست

برای دیدنت هرلحظه پر ز شور و تمنا نیستم
دیگر ز غم دوریت شیدا و شیبا نیستم

چند صباحی مرا تنها بگذار
دگر خسته دلم از قصه تکرار و تکرار

حالا تنهایی تنها طبیبم خواهد بود
تنها سفر کردن راه نویدم خواهد بود

من از عشقمان گذشتم تو نیز از آن بگذر
لیک دگر قصه یکی شدن نیست در سر

Do you remember?

Do you remember?
Was it a fairy tale?
You built your love palace in my heart

Do you remember you were a butterfly around me?
Do you remember you told me the story of the power of love?

You laughed at the story of separation?
What happened to our true love?

You said you were honest
You said you hated lies

What happened to Romeo and Juliet?
I was unaware of the deception in you

I passed our love
You pass it too, no story of us together

I do not hear the melody of love
I do not have a beating heart
I do not have a loving soul

The spring of our dream turns to fall
A garden is full of dry trees

I will not drink wine with you
There are no words of love for you

Becoming a queen in your palace is not my dream
I can fly without you

I have no desire to see you
I am not crazy to see you anymore

Leave me alone for a while
Repeating this story makes my heart weary

Loneliness is a balm for my soul
Travelling on a promising path

I passed our love
You pass it too, no story of us together

زندگی

زندگی دلم ازت گرفته و سیره
داری میبینی که اشکام بی اراده میره

زندگی چقدر ظالم و بی رحمی
انگار با من و دل سوخته ام قهری

زندگی کجاست اون شادی بعد از غمات؟
واسه من همش غمه، جا نداری تو شادیات؟

زندگی آی زندگی اومدنم بیهوده بود
آخه قلبم از تو و از آدمات آزرده بود

زندگی نشون بده راهی که بشم ازت خلاص
به خدا ترحمت بر من رواست

زندگی دلم ازت گرفته و سیره
داری میبینی که اشکام بی اراده میره

Life

Life, I am heavy-hearted
Life, I am tired
Watch my unwilling tears

Life, where is happiness after sadness
It is all sadness for me
No place for happiness
Living is in vain

My heart hurts from you and people
Life, show me a way
So, I will be rid of you

God knows, I need your mercy
I am heavy-hearted and tired of life
Watch my unwilling tears

آب در هاون نکوب

با من دیگه صحبتی از شروع نکن
بار دیگه دنیام و زیر و رو نکن

حرفی از طلوع عشق دیرینه نزن
تیشه به ریشه قلب بی کینه نزن

بیهوده آب در هاون نکوب
واقع بین باش و ببین رنگ این غروب

Stop beating the air

Don't talk about the start of our love
Don't turn my world upside down

Don't speak about the sunrise of an old love
Stop digging the grave of a forgiving heart
A heart that is empty of hate

Stop beating the air
Be real and see the color of the sunset

رفتن

رفتن و رفتن و رفتن
بی تلاطم ، بی صدا در هم گسستن

دیگه اشکه ، دیگه حسرت
بدون تو ، تو این غربت

دیگه غرقم تو گمراهی
خیال بودنم با تو
بسی واهی، بسی واهی

دیگه دنیا، به تو لعنت
دیگه خستم
از این حسرت از این حسرت

Going

Going and going and gone
Silence is breaking up

It's all tears and regrets
This is exile without you

I am drowning in loss
I imagine being with you

Illusion, illusion, delusion
Damn this world, damn this world

Enough, enough, enough
I am tired of regret, I am regret

تردید (Uncertainty)

An Iranian Girl, From the Burnt Generation, In search of Freedom

ریا

دیگر پایم هیچ نای رفتن ندارد
لیک این دل هزاران غصه دارد

دیگر دنیا به چشمم سیاه است
لیک تزویر خنجری بی صدا است

چه بگویم ز گفتن ها خسته ام
چه بخوانم سازم رفت از دستم

هوا هوای کذب و ریاست
دنیا دنیای نامردی هاست

ز شبیخون ریا صبرم به لب آمده
ز خنجر نیرنگ ها قلبم به درد آمده

Deception

My feet walk no more
My heart has a thousand sadnesses

My eyes see only darkness
Deception is a silent dagger

What can I say I am tired of saying
What can I sing
My heart cannot sing

Lies and deceptions are in the air
This world is filled with cowardice

The raid of deception
Patience comes to an end
The dagger of deceptions hurts my heart

جنگ احساس و منطق

این حکایت همون حکایت قدیمیه زندگیه
دیگه جنگ احساس و منطق واسه من طبیعیه

منطقی که میزنه حرف جدایی
می خونه از قصه های بی وفایی

احساسی که می گه از با هم بودن
زیر قطره های بارون دوباره ترانه خوندن

منطق که می گه اگه با من باشی چه بی خیال و بی وفایی
از همه غصه های عاشقیه زندگیت آزاد ی رهایی

احساس که میگه خدا سرنوشت ما رو با عشق نوشت
با من بودنت لحظه ها رو می کنه برات بهشت

منطق که میگه سلطان فردای توام
راه پیروزی آتیه فردای دنیای توام

احساس که میگه فردا رو کی دیده
لحظه رو رها نکن لحظه جرقه امیده

منطق که میگه با کشتن احساس
زندگیت همیشه پابرجاست
احساس که میگه زاده شده برای قربانی شدن
میگه با کشتن من راه بیراه رفتن و زندانی شدن

منطق میگه با من بودنت همش یه درده
اون نبودن عشقی که قاتل قلبه بی صدا و پشت پرده

احساس میگه گرچه گاهی خنجرم میشکافم قلبت
ولی شور زندگی داری خودم میشم مرحم دردت

جنگ منطق و احساس همیشه ادامه داره
هیچ قاضی توی دنیا واسشون راه چاره نداره
کاش هیچ آدمی توی دنیا قاضی جنگ این قصه نشه
آخه در نهایت اشک قاضی روی گونه هاش روونه میشه

The fight between logic and emotions

This is the ancient story of life
The fight between logic and emotions is everywhere

Separation is the message of logic
Logic sings the melody of disloyalty

Emotions sing about togetherness
Emotions sing in the raindrops

Logic tells me "be unfaithful"
You will be free of love's sadness

Emotions say "God wrote our destiny with love"
Being with me turns seconds into heaven

Logic says I am king of tomorrow
I am the way to victory in tomorrow's world

Emotions ask, "who has seen tomorrow?"
Don't let the seconds and the spark of hope pass

Logic says kill emotions
Life becomes certain

Emotions say we are born for sacrifice
Killing me leads you astray, you will be a prisoner

Logic says being with me is one pain
And the one pain is having no love
That is the murderer of the heart
Sitting quietly behind the curtain

Emotions say being with me may be a dagger in your heart
But you have a passion in your life, the wound of love is self-healing

The fight between logic and emotions is forever
I wish no one to judge this fight
The tears of the judge roll down her face

مرگ قناری

سکوت شب مانده و صدای تردید
سیل اشکهایی که بی صدا بارید

غرق گشته در افکار مبهم خویش
وجودم همه غرق در دلهره و تشویش

ابرهای تیره، آسمان وطن را پوشانده
قناری عشق مرده و دگر آواز نخوانده

The death of a Canary

Doubt comes silently in the night
The flood of the tears rained with no sound

Drowned in foggy thoughts
Being surrounded by fear

Dark clouds cover the sky of my land
The canary of love is dead, she sings no more

طبیعت (Nature)

An Iranian Girl, From the Burnt Generation, In search of Freedom

مثال

مثال آن بره که دور افتاده از رمه
پریشان حال بوی قربانی شدن دارم
دلم پر ز غصه و غمه

مثال آن آخرین برگ درخت پاییزی
در حال سقوط به قهقرا ام
آه چه رویای غم انگیزی

مثال آن گل خشکیده و پرپر
رنگ زرد حسرت بر چهره ام
با خیال مردنم در سر

مثال آن دوره گرد بی کس و تنها
قصه ماتم و غم شده نوای شبها

مثال تنها کودک ز جنگ باز مانده
پریشان حال ز غرش تانک
ز نعره ی فرمانده

مثال آن ماهی سرگشته در دریای وحشی
پریشان ز ترس تور صیاد و صدای کشتی

مثال آن تبعیدی دور از وطن در دیار غربت
می کشم بر دوش باری از قصه حسرت

مثال سربازی اسیر در دست دشمن
جامه ناامیدی کرده ام بر این تن

مثال آن ابر باردار پر ز بغض در آسمان
مملو از باران و اشک هایم رودهای بی کران

مثال شاعری خسته ز سراییدن قصه ی غم و غربت
می خواهم فریاد زنم بشکنم سکوت این ذلت

می خواهم ز پیله ی ذلت پر زنم چو پروانه
در خانه ی امید بسازم آشانه

Like

Like a sheep away from the flock
I smell like a victim, with a heart full of pain

Like the last leaf of the tree in fall
I am falling back, ah what a sad dream

Like a dry, broken flower
My face has the yellow regret of death

Like the town crier I am alone and lonely
Grief and sadness are the melody of my nights

Like the child who survived the war
I am afraid of the roar of tanks, the shout of a commander

Like the fearful fish in the wild sea
I fear the sound of the ship and the sight of the net

Like an exile far from home
I carry regret on my shoulders

Like the soldier who is a prisoner
I wear the clothes of despair and frustration

Like the pregnant cloud filled with tears in the sky
I am full of rain, my tears are rivers

Like the poet tired of writing about sadness and exile
I scream, to break the silence of suffering

Like a butterfly, leaving the cocoon of suffering
I build a home in the land of hope

پرواز پروانه

اگه با هم، اگه بی هم
اگه هرجا ، توی شبها
بی ستاره، پر ستاره

از ته قلب شکستم
باز می گم یادت بهاره
بی تو این دل بی قراره

توی ظلمت شبها
اشک دلتنگیم می باره
توی این سکوت خسته
حسرت فریاد تو گلوم پیله بسته

پشت سر کوهی از خاطره ها
روبروم بی تابی و دلهره ها
پس کی میاد اون شادی بعد از غما
اون ندا، واسه جدایی پروانه از پیله دلهره ها

پس بگو، کجاست پرواز پروانه
آخ که می دونم خیاله
حسرت من بی کرانه
حسرت من بی کرانه

Butterfly's fly

Together or apart
Wherever, at nights
With no stars or a sky full of stars

From the bottom of my broken heart
Your memories are spring

Without you my heart is restless
In the darkness of the nights
My tears of missing you are raining

In this tired silence
The scream is stuck in my throat

The mountain of memories is behind me
Impatience and fear are before me

When does sadness end?
When does happiness begin?
When does the butterfly leave the cocoon?

So, tell me when does the butterfly fly?
Ah, I know it is an illusion
My longing is forever

شب های بی ستاره

آره، دو سه روزه که آسمون دلش غصه داره
این بغض ابراست که روی زمین می باره

منم اینجا با یه قلب تیکه پاره
آسمون؟ تو هم مثل من دلت بی قراره؟
پس بزار ، بزار ابر چشمامون بباره
بباره و بباره و بباره

ولی آسمون؟ دلم یک ندایی داره
اون ندا میگه بغض نکن، اشک نریز
آخه هر کسی یک خدایی داره
اون ندا از خدا برام یک گواهی داره
که خورشید امید تو راهه
توی این شبای بی ستاره

Starless Nights

Yes, it has been a few days the heart of the sky is sad
The anger of the clouds rain on the ground

I am here with a broken heart
Sky? Do you have a restless heart like mine?
Let the clouds of our eyes rain
Rain and rain and rain

But sky, my heart has a voice
It says, don't have a lump in your throat
Everyone has a God, don't cry
The voice of God says:
"The sun of hope comes after starless nights"

قناعت

کمی باید گشت آسان گزار
در این تلخی روزگار

همین که هست آشانه
نون و غذای خانه
باید قناعت کنم
به عشق بصارت کنیم

باید شویم پروانه
به دوستی عادت کنیم
به دوستی عادت کنیم

سلام دهیم به انوار
پاییز را کنیم بهار
وداع با بدی بگیم
بر اسب مهر شویم سوار

Satisfaction

We should be easy
In the bitterness of time
At home, we have roof, bread and food

We should be content
We should feel love

We should become butterflies
We should value friendships

We should say hello to light
We should turn fall into spring

We should say goodbye to evil
We should embrace kindness

برگهای پاییزی

صدای خش خش برگهای پاییزی
بر دل می نوازد نوای غم انگیزی

گویی برگها با صدایی تلخ می پرسند
چرا از غصه وغم لبریزی

برگ قرمز می پرسد چرا چشمان تو خون است؟
انگار روحت اسیر تگرگ و بارون است

برگ زرد می پرسد چرا رنگ رخسارت مثال من زرد است؟
انگار تار و پود قلبت از جنس غم و درد است

برگ نارنجی می پرسد چرا این همه پریشانی؟
انگار با خشم نهادینه به دل به دیوانگی طوفانی

برگ سبزی می پرسد چرا این همه هستی بی صبر؟
انگار طاقت قلبت به سر آمده از این همه زور و جبر؟

اشک هایم جاری شد
و بارید و بارید بر دل برگهای پاییز
گفتند برگها یکصدا صبوری کن
که نزدیک است پایان این فصل غم انگیز

Fall's leaves

The crunch of leaves in the fall
Plays a sad melody in my heart

It's like the leaves ask:
"Why are you full of sadness and sorrow?"

The red leaf asks: "why are your eyes bloody?"
It's like your soul is captured by hail and rain

The yellow leaf asks: "why is the color of your face the same as mine?"
It's like the fabric of your heart is made of a sad illness

The Orange leaf asks: "why are you so upset?"
It's like you are stormy crazy and angry inside

The green leaf asks: "why are you so impatient?"
It's like your patience has come to an end from tensions and forces?

My tears flowed
and it rained and rained on the heart of the fall leaves
They said, be patient with one voice
This is the end of the sad season